LES SOEURS DU POT,

OU

LE DOUBLE RENDEZ-VOUS,

COMÉDIE

En un Acte et en Prose, mêlée de
Vaudevilles.

―――

PAR P. PREVOST MONTFORT.

*Représentée à l'Ambigu Comique, le Di-
manche 30 Septembre 1792, l'an premier de la République Française.*

―――

108

PRIX 20 *sols.*

Se trouve au Théâtre, et chez les Marchands
de Nouveautés.

━━━━

MM. Cerioux et Le Rouge, au
Journal du soir.

PERSONNAGES.

SOEUR SUPÉRIEURE.	Mde. *Montariolle.*
SOEUR BRIGITTE.	Mlle. *Savigny.*
SOEUR AMYNTE.	Mlle. *Etienne.*
SOEUR PAULINE.	Mlle. *St. Prieux.*
SOEUR ECOUTE.	C. *Le Doux.*

LE DOCTEUR CASSANDRE, Medecin.
C. *Picardeau.*

ADRIEN, Garçon Apoticaire et Tambour.
C. *Cardinal.*

Plusieurs Soeurs.

Le théâtre représente un jardin ; on voit une échelle appuyée contre le mur de clôture.

La Scène est dans un couvent de Soeurs Servantes.

LES SOEURS DU POT,

ou

LE DOUBLE RENDEZ-VOUS,

COMEDIE.

SCÈNE PREMIERE.

Adrien pile des drogues dans un mortier.
Sœur Amynte et plusieurs sont occupées à
laver le linge. Sœur Brigitte l'étend sur des
cordes, et sœur Pauline le serre dans un
panier.

ADRIEN.

AIR: *Oui noir n'est pas si diable.*

 Garçon apoticaire
 Et je dis de renom,
 Je suis fort nécessaire
 A toute la maison,
 Malades et nonains
 Tous passent par mes mains;
 Toujours preste en affaire
 D'une main salutaire
 J'offre mon ministere

A 2

A qui le veut ici
Tsi si... Tsi si....

*Il imite le bruit de la seringue, et la manière
de s'en servir.*

En deux tems (bis) c'est fini.

SOEUR AMYNTE.

AIR. *Du Tonnellier.*

Ah! mes sœurs que le jour est beau!
Le soleil luit et l'onde est claire,
Le linge à peine sort de l'eau
Que l'on voit la sœur qui le serre :
Pour laver il fallait ce tems
Profitons de ces doux momens
Travaillons (bis) c'est un plaisir

SOEUR BRIGITTE   (*à part*)

Quand le cœur n'a point à souffrir

LES SOEURS.

Travaillons *bis* c'est un plaisir;

Dont on ne peut trop tard jouir.

SCENE II.

Les précédens, SOEUR ECOUTE.

SOEUR ECOUTE.

*Derrière la charmille tenant en main du
linge qu'elle racommode.*

Même air.

Je suis sœur Ecoute au parloir,
A la chambre je suis lingere,

Reprendre du matin au soir
Voilà ma besogne ordinaire;
Pour ce linge s'il faut des soins;
Pour les sœurs i' n'en faut pas moins.

Elle s'approche pour écouter.

Ecoutons (bis) c'est un plaisir
Si je puis en faire punir.

SOEUR ECOUTE.   LE CHOEUR.

Ecoutons etc.   Travaillons etc.

SOEUR BRIGITTE.

AIR: *du Maréchal.*

Depuis qu'Adrien dans ces lieux
A conduit les ris et les jeux
L'enjouement et le badinage
Le cœur des sœurs semble content.
Le mien seul si joyeux avant
N'a plus la gaité pour partage

Les sœurs en battant le linge; Adrien en frappant dans le mortier.

Tôt, tôt, tôt,
Tôt, tôt, tôt,

SOEUR PAULINE *(se remettant à laver)*:
Qu'il fait chaud!

SOEUR AMYNTE.
Bon courage

SOEUR BRIGITTE.   LE CHOEUR.
Je n'ai point de cœur à   Il faut avoir cœur
l'ouvrage.   à l'ouvrage.

SOEUR AMENTE *appercevant sœur Ecouté*
derrière la charmille.

J'apperçois sœur Ecoute.

SOEUR PAULINE.

Silence
SOEUR ECOUTE *s'avanceant près des sœurs*
Vous chantiez mes sœurs !

SOEUR AMYNTE;

Et nous travaillions.

SOEUR ECOUTE.

Vous travailliez, bon ; mais chanter...

ADRIEN (*courrant à sœur Ecoute*)

Fin de l'air.

N'y a pas d'mal à ça
Sœur Ecoute
N'y a pas d'mal à ça

SOEUR ECOUTE.

Ah ! n'y a pas do mal à ça, nous verrons si
ma sœur Supérieure n'y en trouvera pas.

ADRIEN.

AIR : *Colinette au bois s'en alla.*

Quel mal voulez-vous qu'il y ait là ?
SOEUR ECOUTE.
Sœur Supérieure le dira
LES SOEURS.
Tra la, déridera, tra la déridéra;

ADRIEN.

Pour leur faire tant d'embarras,
Quelque fois ne chantez vous pas
Tra la déridéra, tra la déridéra,

SOEUR ECOUTE.

Oui je chante, mais au chœur

LES SOEURS.

Et nous, nous avons chanté là.

ADRIEN.

Eh bien pour qu'elle n'ait rien à vous reprocher,
La sœur Ecoute dansera.

SOEUR ECOUTE.

Moi danser !

ADRIEN.

Sans-doute

*Adrien fait danser sœur Ecoute jusqu'à
l'étourdir.*

Traderi, dera, la, la, la, la, la, la, la,
Traladeri, dera,

SOEUR ECOUTE.

Je suis toute étourdie, je ne vois ni n'entends
plus rien.

ADRIEN ET LES SOEURS

Ny a pas de mal à ça.

Sœur Ecoute.

Ny a pas de mal à ça

ADRIEN

Mes sœurs nous avons assez travaillé à présent,
si nous jouions à quelques petits jeux innocents;

LES SOEURS

C'est bien dit.

SŒUR AMYNTE

'Au pied de bœuf par exemple

*Toutes les sœurs quittent leur ouvrage et se
rapprochent d'Adrien.*

ADRIEN

Oui.

AIR : *Au coin du feu*

Veut-on à maîtresse
'Avouer sa tendresse
　Au pied de bœuf.
L'amour d'intelligence
En fait la confidence
　Au pied de bœuf.　　　*trois fois*
Le regard d'une mère
Est toujours moins sévère ;
　Au pied de bœuf ;
Billets doux et fleurette
Se glissent en cachette
　Au pied de bœuf :　　　*trois fois*
On plaisante, on s'embrasse,
Et le mari bonace,
　Au pied de bœuf ;
En enrageant dans l'ame
Voit cajoler sa femme
　Au pied de bœuf :　　　*trois fois*

ADRIEN *aux sœurs.*

Voyons, placez-vous toutes autour de moi.

*Adrien s'assied sur le gazon, toutes les sœurs
se rangent autour de lui et mettent chacune
une main sur ses genoux.*

ADRIEN à sœur Ecoute

Hebien ! ma sœur, est-ce que vous ne serez
pas des nôtres ?

SOEUR ECOUTE à pàrt.

Vous verrez que ce petit vaurien fera de moi
tout ce qu'il voudra. *Haut* allons, voyons, mais
pourvu que tout se passe dans l'ordre.

*Sœur Ecoute s'approche d'Adrien et fait
comme les autres sœurs.*

ADRIEN

*qui avait sa main dessous, la remet sur celles
des sœurs*

Une

LES SOEURS *l'une après l'autre.*

Deux..... trois..... quatre.... cinq.... six... sept .. huit...

ADRIEN *arrêtant la main de sœur Ecoute.*

Et neuf......... je tiens mon pied de bœuf.

LES SOEURS

C'est la sœur Ecoute, tant mieux.

ADRIEN.

De trois choses en ferez vous une ?

SOEUR ECOUTE

Oui, si je puis.

ADRIEN

AIR : *de la meunière.*

Du haut de ce mur chancelant
    La tête première,
Il faut vous jetter hardiment.

LES SOEURS
Comme chacun sera content
    de la voir par terre.

SOEUR ECOUTE
Voyez comme elles sont bonnes.
            pas de ça vraiment;

ADRIEN

Passons à un autre.

Même air.

Si vous voulez plus simplement,
  Devant tout le monde,
Dans ce ruisseau qui va coulant
Laissez vous glisser bonnement,
  Voilà ma seconde.

SOEUR ECOUTE

  Pas de ça vraiment.

LES SOEURS

Voyons à la troisième.

ADRIEN

Même air.

Trois fois par terre en vous frappant
  faites la bascule,
Et chaque fois en répétant
Trois petits pâtés d'ortolans,
  Ma chemise brûle.   *3 fois.*

SOEUR ECOUTE

Bon pour celle-ci.

*Sœur Ecoute se frappe trois fois par terre
en chantant.*

Trois petits pâtés, d'ortolans.
  Ma chemise brûle.

ADRIEN

C'est ça justement.
Eh ! bien comment trouvez-vous ce jeu là ma
sœur ?

SOEUR ECOUTE

Mais très-récréatif.

ADRIEN

AIR : *Ah! que j'ai donc d'impatience.*
  Pour s'amuser entre familles,
  Le joli jeu que celui-là ;

Non ; si les filles sont gentilles,
Il n'est rien de plus gai que ça ;
Près de sa douce amie   *Bis.*
Adrien s'approche de sœur Brigitte.
On a soin de se mettre en commençant
Puis l'on dit qu'elle est jolie,
Et qu'auprès d'elle on est content ;
Elle sourit d'un air malin :
Si vous voyez ça, mes sœurs, c'est divin.
Divin, divin, divin.

La fille repond sans parler, les deux amants se
font les plus jolis petits signes du monde .. et puis

Chacune chacune saute avec son voisin.
*Adrien danse en rond avec sœur Brigitte,
et les autres sœurs deux à deux, à l'excep-
tion de sœur Ecoute.*
LE CHŒUR
Chacune chacune saute avec son voisin.

SCENE III.

SOEUR SUPÉRIEURE, CASSANDRE, ADRIEN, SOEUR
BRIGITTE, SOEUR ECOUTE, Et les autres Sœurs.
SOEUR SUPÉRIEURE.

AIR : *Où s'en vont ces gais Bergers ?*

Est-ce ainsi dans la maison,
Que chacun se comporte ?
A-t-on perdu la raison,
Pour agir de la sorte ?
CASSANDRE *en montrant Adrien.*
Qui fait ça ?.... Ce petit polisson,
Qu'il soit mis à la porte.
LES SOEURS *Attristées.*
Qu'il soit mis à la porte.

B 2

SŒUR SUPÉRIEURE

ADRIEN était là! Ah si je l'avais vu! *à Cassandre*
Ah docteur!

Même air

Passez lui pour la leçon

CASSANDRE.

Non la faute est trop forte.

LES SOEURS.

Ah! faites lui grace!

CASSANDRE.

Non.

SOEUR SUPÉRIEUR.

Qui voulez-vous?.... *imitant le jeu de*
CASSANDRE. *la seringue*
Qu'importe?
Oui je veux le petit polisson,
Qu'il soit mis à la porte.

LES SOEURS.

Qu'il soit mis à la porte.

AIR *du confiteor.*

Il faut bien prendre mon parti,
Je déplais à Monsieur Cassandre;
Je vois qu'il faut sortir d'ici,
Et je trouve aisé de comprendre *Bis:*
Que vieux docteur (*Bis*) qui fait la loi,
n'aime pas plus jeune que soi.

La sœur Supérieure et sœur Ecoute recon-
duisent Adrien.

SOEUR SUPÉRIEURE

Allons, mes sœurs, qu'on se remette à l'ouvrage
Elles sortent : Les autres sœurs ôtent le
linge qui est étendu sur les cordes, et se retirent
insensiblement derrière la charmille où elles
s'endorment.

SCENE IV.

CASSANDRE BRIGITTE

CASSANDRE *Arrêtant sœur Brigitte.*

Arrêtez, sœur Brigitte, puisque nous voilà tous deux ensemble, dites moi, est-il bien possible que vous vous soyez décidée à passer ici toute votre vie?

SŒUR BRIGITTE

Qu'entendez vous par là, Monsieur Cassandre?

CASSANDRE.

Eh oui ma sœur. Comment....

AIR *La Boulangere a des écus.*

Vous pouvez servir bonnement,
Belle comme vous êtes;
Les malades de ce couvent,
Pendant que vous en faites,
Vraiment
Pendant que vous en faites.

Même air.

Mon art a guérit bien souvent
Des blessures cruelles,
Mais, pour vous parler franchement,
Les vôtres sont mortelles,
Vraiment,
Les vôtres sont mortelles.

Même air.

Dieux ! que mon mal est accablant,
Que ma playe est profonde.
Il n'est plus pour moi maintenant,
Qu'un médecin au monde,
Vraiment,
Qu'un médecin au monde.

SOEUR BRIGITTE.

Eh! Quel est il?

CASSANDRE.

L'amour.

SOEUR BRIGITTE.

L'amour?

CASSANDRE.

Oui, ma sœur, l'amour.

SOEUR BRIGITTE.

Mais y pensez-vous, Monsieur Cassandre, à votre âge!

CASSANDRE.

Et vous me trouvez donc bien vieux?

SOEUR BRIGITTE.

Je vous donnerais bien..... oui. Mais, de soixante à soixante-dix.

CASSANDRE.

Ah! ma sœur, à peine suis-je entré dans ma cinquante-neuvième.

SOEUR BRIGITTE.

Etes-vous bien sincère?

CASSANDRE.

Très-sincère.

SOEUR BRIGITTE.

Et vous n'oubliez rien?

CASSANDRE.

Je compte tout.

SOEUR BRIGITTE.

Soit, puisque vous le voulez; passe pour cinquante-neuf ans, mais à cet âge, ignorez-vous,

mon cher docteur, que votre automne est bien
avancé , si vous n? touchez même àl'hiver et...

Air : *Vous qui d'amoureuse aventure.*

Peut - on penser encore à plaire,
Quand on a passé son printemps;
Vielliards la route de Cythere,
N'est ouverte qu'aux jeunes gens.
Pour vous,
Entre nous
Renoncez à ce doux voyage ;
Quand vous sentez l'hiver glacé prés d'approchen
Certains qu'on sait toujours votre âge,
Malgré vos soins à le cacher.

CASSANDRE.

Vous voudriez me donner le change... mais
quoique vous en disiez ...

Air : *L'autre jour j'allais seulette.*

Ce petit cœur que j'adore
Je crois le voir palpiter,
SOEUR BRIGITTE
Souvent il bat et j'ignore
Ce qui le fait s'agiter,

CASSANDRE

Moi, je sais ce qui vous tourmente,
Et si vous voulez sœur charmante
Le docteur s'offre à vous guérir,

Il veut l'embrasser.

SOEUR BRIGITTE.

En faisant à Casssandre une revérence profonde.

Monsieur, je suis votre servante,
Votre art n'y saurait réussir.

Elle va rejoindre les sœurs derrière la charmille.

S C E N E V.

CASSANDRE *seul*

Elle y viendra........   Elle y viendra......
encore un entretien comme celui-ci et la
sœur est prise dans mes filets, et pour-
quoy non ? ...

AIR: *Avec les jeux dans le village.*

Qu'ai je à craindre de la fortune?
N'ai je pas toujours réussi?
Et ne plait-on pas à chacune
Quand on a de ce que voici ?

Il fait sonner sa bourse.

Un viellard en ouvrant sa bourse
se fait aimer malgré ses ans,
Tant qu'on peut puiser à la source
On semble oublier son vieux tems.

Il sort.

SCENE VI.

SOEUR BRIGITTE *seule*.

Enfin le voilà parti le vieux fou! sur le bord de sa fosse s'aviser encore d'aimer... je serais volontiers tentée de croire qu'il a perdu l'esprit; mais moi, suis-je plus raisonnable?

AIR: *Peut-on goûter quelque repos.*

Ah Dieu! que mon cœur est blessé!
Que je suis coupable moi-même!
Oui, ce cœur d'un amour extrême,
Hélas! je le sens embrasé,
Ma conscience en vain s'oppose
A ce sentiment naturel;

Je ne voudrais penser qu'au ciel,
Mon ame a besoin d'autre chose.

Cher Adrien, ah! du moins tu me restais, j'avais le plaisir de te voir, de te parler à chaque instant ... et je te perds aujourd'hui, peut-être pour ne te revoir jamais ...

(*Elle va du côté de la charmille et apperçoit les sœurs endormies.*)
He quoi! les sœurs endormies!

C

Même Air.

Divin espoir des malheureux
Sommeil, ferme aussi ma paupière
Rends moi ma peine plus légère,
Rends moi ce couvent moins affreux.
Ah ! par un aimable mensonge
Viens faire trève à ma douleur ;
Et tout en perdant le bonheur
Fais moi le recontrer en songe.

Elle s'endort.

ADRIEN *seul.*

AIR : *Je suis Magdelon friquet.*

(*dans la coulisse*)

Je suis magdelon friquet
Et je me ris et je me mocque.

(*il paraît ,*)

Je suis magdelon friquet,
Et je me mocque

Je chante comme si j'avais lieu de me réjouir, quand je suis éconduit de cette maison... allons, mon tambour, c'est à toi, que j'ai recours aujourd'hui, je sais très-bien qu'avec toi je ne serai jamais embarrassé ; mais ce qui me fait de la peine c'est de quitter cette maison sans avoir pu faire mes adieux à la sœur Brigitte ni lui peindre tout l'amour que je ressens pour elle ; voyons encore, cherchons.

Il va du côté de la charmille et il ap: perçoit les sœurs endormies.

AIR : *Ah! maman que je l'ai échappé belle.*

Quel instant ! mais c'est une merveille
Troupeau de nonains sur le verd gazon
qui sommeille.
Non je doute encore si je veille,
Ah ! le beau moment.
Le ciel nous sert, profitons-en,
Il approche des sœurs ,
Approchons et faisons la visite,
(Il les regarde l'une après l'autre ,)
Quel joli menton , quel teint, quelle
bouche petite !
Comme je sens mon cœur qui s'agite
Bon Dieu quel plaisir !
Quels bons malades à guérir !
Prenons leur un baiser à chacune,
En homme de l'art sachons, user de la
fortune
En passant de la blonde à la brune;
Pour un fin chasseur ,
C'est par ma foi trop de bonheur
Comme il va pour embrasser les sœurs , il s'arrête
He oui si sœur Brigitte me voyait embras-
ser comme cela toutes les sœurs, que dirait-elle?
ce quelle , dirait?

AIR : *Des fraises.*

Si l'on peut dans un jardin
Cueillir des fruits à l'aise,
Pour préférer le raisin,
Laisse-t-on sur le terrein
La fraise, la fraise, la fraise:

(Il va une seconde fois pour embrasser les sœurs, et il apperçoit la sœur supérieure.)

AIR : *He quoi tout sommeille.*

Quel fâcheux contre tems !
La sœur supérieure.

SCENE VII.

ADRIEN , LA SOEUR SUPÉRIEURE.

LA SOEUR SUPÉRIEUR

Dormir à cet heure
Jamais ici,
S'est-on conduit ainsi?
Ah ! cette paresse
Part de ma faiblesse
En vérité.
C'est par trop de bonté

LES SOEURS *sortant de la Charmille.*

Après l'ouvrage
Ma sœur quel dommage?

ADRIEN.

Pourquoi ce tapage?

SOEUR SUPÉRIEUR.

Vous dormez, mes sœurs,

Le demon veille,
Peut-être à la veille
D'entrer dans vos cœurs:
O!quels temps! quels mœurs!

LES SOEURS.

Ma sœur supérieure,

SOEUR SUPÉRIEUR.

Dormir à cette heure
Jamais ici
S'est-on conduit ainsi?

Allons rentrez   *Les Soeurs rentrent*

SCENE IX.

LA SOEUR SUPÉRIEURE, ADRIEN.

SOEUR SUPERIEURE.

He bien! mon cher Adrien, vous allez donc nous quitter?

ADRIEN.

Il le faut bien ma sœur.

SOEUR SUPERIEURE.

Et cela vous attriste?

ADRIEN.

Je ne puis me réjouir de mon départ, mais pour m'attrister je sais trop qu'il faut souffrir ce qu'on ne peut empêcher.

AIR: *Toujours joyeux.*

Le chagrin est un grand abus,
C'est envain qu'on se tourmente
L'ame n'est pas plus contente
Et l'on a la peine de plus:

Roseau doit plier sous l'orage ;
S'il veut toujours s'en trouver bien,
Et suivant moi, c'est être sage
De prendre le tems comme il vient.

ENSEMBLE.

SOEUR SUPERIEURE.	ADRIEN.
Et suivant lui c'est être sage de prendre le tems comme il vient.	Et suivant moi c'est être sage de prendre le tems comme il vient.

Même Air.

Envain de braver le destin
Quelqu'un aurait fantaisie,
C'en est du tems de la vie
Comme de plantes d'un jardin.
Toutes ne donnent pas de roses ,
Tousles jours ne sont pas heureux ;
Il faut supporter bien des choses',
Puisqu'on ne saurait faire mieux.

SOEUR SUPERIEUR.	ADRIEN.
Il faut supporter bien des choses, puisqu'on ne saurait faire mieux.	Il faut supporter bien des choses, puisqu'on ne saurait faire mieux.

SOEUR SUPERIEURE.

Voilà une belle Philosophie , mon ami.

ADRIEN.

Ma sœur, c'est la misère et le malheur qui me l'ont donnée.

SOEUR SUPERIEURE.

Comment si jeune encore?

ADRIEN.

Tout jeune que je suis, j'ai passé par bien
des étamines.

SOEUR SUPERIEURE.

Et puis-je savoir?

ADRIEN.

Mon histoire? en deux mots, je vais vous la
raconter.

AIR: *de Calpigi.*

De vous dire qui fut mon père
Pour moi c'est encore un mystère,
Quoiqu'un grand nombre sans détour
En ait eu l'honneur tour à tour. *Bis*
Mais j'ai très-bien connu ma mère,
Un matin je dormais encore,
Elle se lève avant l'aurore,
Elle part et me laissé là.

SOEUR SUPÉRIEUR

Combien d'enfans dans ce cas là?   *bis*

ADRIEN.

Même Air.

Je m'éveille à l'heure ordinaire
Et loin d'appercevoir ma mère
Je ne vois ni table ni lit.

SOEUR SUPÉRIEURE.

Oh! bon Dieu! le pauvre petit!

ADRIEN

Le soir me trouvant sans azile,
Je courrus par toute la ville
Pour trouver un toit généreux.

SOEUR SUPÉRIEURE

Et vous n'en trouvâtes point?

Aucun , loin deçà.... Brusqué par celui-ci , frappé par celui-là , et repoussé par tous ; j'éprouvai bien alors que , pour être honni de tout le monde,

Il suffit d'être malheureux.

SOEUR SUPERIEURE.

Il suffit d'être malheureux.

Même air,

Hélas dans ma peine mortelle
J'allais me tuer, quand chez elle
Une bonne vieille me prit.

SOEUR SUPERIEURE.

O bravo le pauvre petit.　　　　bis

ADRIEN.

Bientôt après elle mourut mais je savais déjà battre de cet instrument et il a suffi à mon existance jusqu'à mon entrée dans cette maison.

Quand je vois qu'il ne produit guere ,
Je fais un bruit, un train qu'on ne peut plus s'entendre.

J'étourdis tout, l'on me fait taire
Je reçois de l'argent comptant;
Que de gens n'ont que ce talent !

SOEUR SUPERIEURE et ADRIEN.

Que de gens n'ont que ce talent !

Ce pauvre petit jeune homme, plus je l'entends
et

et plus il m'intéresse..... mais il va nous quitter
je voudrois....

AIR : *La chose vaut mieux que le mot.*

Je voudrois parler.... mais avant
Il faut plutôt que je le sonde.

(*à Adrien.*)

Répondez-moi mon cher enfant,
Ne craignez point que je vous gronde;
Croyez - vous l'amour un défaut ?

ADRIEN.

L'amour !... l'amour !...

SOEUR SUPÉRIEURE.

Parlez plus haut.

ADRIEN

Que voulez - vous que je réponde ;
La chose vaut mieux que le mot.

SOEUR SUPÉRIEURE.

Il a raison.

(*Ensemble.*)

La chose vaut mieux que le mot.

SOEUR SUPÉRIEURE.

Voilà une de nos sœurs qui vient de ce côté,
je ne voudrais pas qu'on nous vît ensemble ;
j'aurais cependant eu beaucoup de choses à vous
dire.... si vous vouliez repasser ce soir.

ADRIEN.

Ce soir ! et à qu'elle heure ?

SOEUR SUPÉRIEURE.

A neuf heures, après le souper des Sœurs;

D

ADRIEN.

Comment faire pour entrer? la porte sera fermée...

SOEUR SUPÉRIEURE.

Je vais vous le dire.

Air : tandis que tout sommeille

Sitôt que la retraite
Aura fait sans retour
Rentrer dans ce séjour
Chacune en sa chambrette,
Venez ici,
De même aussi
Je m'y rendrai seulette.

Vous voyez cette échelle contre le mur, j'aurai soin d'en faire trouver une de l'autre côté.

Vous pourrez monter librement,
Sans craindre aucun événement.

ADRIEN *à part*

Dieux quel rendez vous séduisant!
Quel aimable conquête!

SOEUR SUPÉRIEURE.

Eh bien faudra-t-il vous attendre?

ADRIEN *à part*.

Qu'est-ce que je risque, courons l'aventure jusqu'au bout. Elle ne me prendra pas d'assaut *à la soeur*, vous pouvez compter sur moi.

SOEUR SUPÉRIEURE.

Adieu, mon cher p'tit ami, à ce soir.

ADRIEN.

A ce soir.   *La supérieure sort.*

SCENE X.

ADRIEN *seul.*

AIR. *Que le sultan saladin.*

Qu'une fille de quinze ans
écartant les surveillants
En cachette de sa mère
A l'amant qu'elle préfère
Accorde un doux entretien;
    C'est bien, très bien,
Cela ne surprend en rien;
On ne donne pas la sagesse
     à la jeunesse.   *bis*

même air.

Mais qu'on veuille à soixante ans
Faire comme au jeune tems,
Q'une sœur simpiternelle
Ici le soir vous appelle,
Dites moi si ça convient?
    Hé bien ? Hé bien?
Faut-il s'étonner de rien?
Toujours, pour acquérir de l'âge
     Devient-on sage ?   *bis*

SCENE XI.

SOEUR BRIGITTE, ADRIEN.

SOEUR BRIGITTE.

Nous avons donc le malheur de vous perdre,
M. Adrien?

ADRIEN.

Hé'as oui-ma sœur; et cette séparation est bien
cruelle pour moi; oui, je vais vous quitter, mais
avant de le faire, souffrez que je vous ouvre mon
ame toute entière.

AIR. *Aussitôt que je t'apperçois.*

Mon tendre cœur tout agité
   Sentit à votre vue
Une douce félicité
   Jusqu'alors inconnue
Je me plus à dire à par moi
» Espère elle sera pour toi »   *bis*
Cette pensée hélas si chere
J'aurais dû toujours vous la taire;
Mais en l'avouant de vous
J'éprouve un sentiment trop doux.

SOEUR BRIGITTE.

Et moi de même.

même air.

Le premier jour que je vous vis,
   Je ne pus m'en deffendre :
Un cri, oui, le p'us doux des cris

E'le montre son cœur.

Ici se fit entendre
Et mon cœur me dit à par moi
» B igitte il semble fait pour toi »
Cette pensée hélas si chère

J'aurais dû toujours vous la taire
Mais en l'avouant devant vous
J'éprouve un sentiment trop doux.

ENSEMBLE.

Cette pensée hélas si chère
J'aurais dû toujours vous la taire
Mais en l'avouant devant vous
J'éprouve un sentiment plus doux.

ADRIEN.

He bien, ma chere.........

AIR: *La foi que vous m'avez promise.*

Si j'ai le bonheur de vous plaire,
Rien ne s'oppose à nos amours.

SOEUR BRIGITTE.

En entrant dans ce monastère,
J'ai juré d'y vivre toujours:
Toujours! Toujours! La peine est dure;
Mais enfin j'en ai fait serment.

ADRIEN.

Serment qui blesse la nature,
Devient un crime en l'observant.

SOEUR BRIGITTE.

Il est vrai dans le monde, on dit que
nous pouvons rompre nos vœux; mais
nos sœurs soutiennent le contraire.

ADRIEN.

Elles ont tort, et très-tort.........

AIR : *On compterait les diamans.*

Le Dieu, dont vous tenez le jour,
Vous dit dans sa bonté profonde :
» C'est pour le donner à son tour,
» Femme, que je t'ai mise au monde;
» Vois ces fruits de toutes couleurs,
» L'arbre les devait à la terre,
» Le lillas lui devait ses fleurs;
» Pour t'acquitter, toi, deviens mère ».

SOEUR BRIGITTE.

Et supposez mon cher adrien que je consente
à quitter cette maison, nous ne sommes riches
ni l'un ni l'autre, comment faire ?

ADRIEN.

Il ne faut jamais s'inquiéter de l'avenir, et
puis n'avez vous pas votre petite pension ? vous
travaillez bien.... moi, je ne suis pas sans talent.

AIR : *En plein, plan.*

Quoiqu'aujourd'hui, sans argent,
En plein, plan, rlan, templam,
Tilery, remp'am,
Adrien assurément
Ne craint pas la misère.

SOEUR BRIGITTE.

Moi je crains la misère.

ADRIEN.

De la bonne manière
faire valoir mes talents
En plein, plan, rlan, remplam,
Tirely, remplam,
Près des bourgeois de céans
Ce sera mon affaire.

SOEUR BRIGITTE.

Ce sera son affaire.

ADRIEN.

Entendez vous, ma chère;
Billets perdus, lots gagnants,
En plein, plan, rlan, templam,
Tirely, ramplam,
Chiens perdus et vols d'enfants
me donneront à faire,
Ou du moins je l'espère:

SOEUR BRIGITTE.

Ou du moins il l'espère.

ADRIEN.

Puis viendra le jour de l'an
En plein, plan, rlan, templam;
Tirely, remplam!
Et j'irai donner un ban
A la porte du maire.

SOEUR BRIGITTE.

A la porte du maire!

ADRIEN.

Et de son secrétaire,
D'une main tambour battant
En plein, plan, rlan, templam,
Tirely, ren plam,
De l'autre prenant l'argent,
C'est l'usage ordinaire.

SOEUR BRIGITTE.

C'est l'usage ordinaire.

ADRIEN.

Puis de ma ménagère
J'aurai les soins les p'us grands
En plein, plan, rlan, templam;
Tirely, remplam;
Et sur-tout de mes enfans
Je veux être le père

ENSEMBLE

SOEUR BRIGITTE.	ADRIEN.
Et sur-tout de ses enfans,	Et sur-tout de mes enfans,
En plain, plan, rlan, templan,	En plain, plan, rlan, templam,
Tirely, remplam,	Tirely, remplam,
Et surtout de ses enfans	Et surtout de mes enfans
Il veut être le père.	Je veux être le père.

Sœur BRIGITTE.

Mais, mon cher Adrien, est-ce qu'on ne l'est
pas toujours le père de ses enfans?

ADRIEN.

Je vous dirai çà, quand nous en serons là ; pour
le présent, j'ai quelque chose de plus pressé à vous
apprendre ; vous saurez que ce soir....

Sœur BRIGITTE.

Ce soir?....

ADRIEN.

J'ai ici dans ce jardin..... un rendez-vous.

Sœur BRIGITTE.

Un rendez-vous!.... et avec qui?

ADRIEN.

Vous ne vous vous en douteriez jamais.

Sœur BRIGITTE.

Dites ?

ADRIEN.

Avec la sœur supérieure.

Sœur BRIGITTE.

Avec la sœur supérieure!

ADRIEN.

Oui , je dois, à neuf heures, trouver une
échelle de l'autre côté du mur... et la sœur doit
m'attendre ici.

Sœur BRIGITTE.

Elle est donc folle,

E

ADRIEN.

Quoiqu'il en soit, ma sœur, vous pouvez parler; et si vous voulez, je ne viendrai point au rendez-vous.

Sœur BRIGITTE.

Gardez-vous bien d'y manquer.

Air : Des simples jeux de son enfance.

Si toujours au moindre caprice,
La sœur censure nuit et jour,
N'est-il pas de toute justice
De la censurer à son tour?
Le soir j'aime à baisser la toile
Sur la faute de mon voisin ;
Mais c'est lorsqu'il a su d'un voile
Couvrir la mienne le matin.

Allez, mon cher Adrien, présentez-vous toujours à l'heure dite, mais ne paroissez qu'au moment où on vous appellera.

ADRIEN.

Je ferai tout comme vous voudrez.

Sœur BRIGITTE.

Voilà le docteur Cassandre ; le vieux fou servira à mes projets : laissez-moi faire. Adieu.

ADRIEN.

Jusqu'au revoir.   (*Il sort.*)

SCÈNE XII.

Sœur BRIGITTE, CASSANDRE.

CASSANDRE.

Enfin je vous retrouve, ma sœur, et ce n'est pas sans peine. Ah! petite ingrate, si du moins vous partagiez mon tourment !

Sœur BRIGITTE.

Eh! si je le partageois, qu'est-ce qu'il en arriveroit ?

CASSANDRE.

Si j'étois payé du moindre retour.....

Sœur BRIGITTE.

Hé-bien?

CASSANDRE.

Tout ce que je possède seroit à votre service.

Sœur BRIGITTE.

Le vieux fou !

CASSANDRE.

Qu'est-ce que vous dites donc là tout-bas?

Sœur BRIGITTE (feignant de se rendre.)

Je dis qu'il faut compter si peu sur la fidelité des hommes.....

Air: *Vive le vin.*

L'homme fut-il jamais constant ?
Il aime, mais pour un instant ;
Peut-on l'en croire à sa parole?
Aujourd'hui de vous il affole,

E 2

Vous êtes charmante à ses yeux,
Vous le voyez à vos genoux qui se dit votre
esclave ;
Répondez-vous à ses tendres aveux,
Demain il joue un autre rôle.

CASSANDRE.

Je ne suis point de cette espèce de gens-là.

Sœur BRIGITTE.

Vous diriez vrai, M. Cassandre, et vous auriez
pour moi réellement un peu d'attachement.

CASSANDRE.

Dites, l'amour le plus vif et le plus sincère.

Sœur BRIGITTE.

Et si vous pouviez m'en donner des preuves.

CASSANDRE.

Je ne tarderois pas un instant à le faire.

Sœur BRIGITTE.

Eh bien! vous le pouvez.

CASSANDRE.

Comment ? parlez : je suis prêt à tout entre-
prendre pour vous plaire.

Sœur BRIGITTE.

Il s'agit de venir ici ce soir après souper.

CASSANDRE. (à part.)

Un rendez-vous! Je ne pouvois lui rien deman-
der de plus agréable.

Sœur B R I G I T T E.

Vous trouverez, de l'autre côté du mur, tout
ce qu'il faudra pour vous introduire dans le jardin.

C A S S A N D R E.

Ah! vous pouvez être assurée que je m'y rendrai.

Sœur B R I G I T T E.

Je vous quitte dans cette espérance. (*Elle sort.*)

S C È N E X I I I.

C A S S A N D R E (*seul.*)

(*Pendant cette scène, le jour décline insensiblement, de sorte qu'il fait nuit à la fin.*)

Tout va bien jusqu'ici, si toute fois on peut
compter sur la foi des femmes.

Air : *De Figaro.*

Mais du cœur d'une fillette
Connoît-on tous les détours ?
De celle qu'il croit parfaite
L'homme est dupe tous les jours ;
Et souvent femme coquette,
Tout en lui parlant d'amour,
Lui réserve un vilain tour.   (*bis.*)

Je crois bien qu'avec sœur Brigitte je serai
plus heureux; mais encore dans la vie faut-il s'attendre à tout. (*On entend la cloche du couvent.*)

J'entends la cloche qui appelle les sœurs au
dortoir; je sors et reviens vite au rendez-vous.

(*Il sort du côté opposé à celui par lequel la
sœur supérieure entre.*)

SCÈNE XIV.

La Sœur SUPÉRIEURE (*seule, tenant un papier*).

VOICI l'heure où Adrien doit venir ici ; comme je sens mon pauvre petit cœur battre à son approche !

Air : *Des bergères du hameau.*

Des jeunes gens d'alentour
Adrien est le modèle ;
Peut-on voir taille plus belle ?
Est-on mieux fait pour l'amour ?
Je passe sur sa figure,
A laquelle il ne manque rien ;
Mais en lui ce qui me revient,
C'est cet air, cette tournure. (*bis.*)

La nuit est sombre ; personne ne pourra nous voir ; apprêtons sur le gason la petite collation. (*Elle sort les fruits de son panier et les étend sur le banc de gason.*)

SCÈNE XV.

La SUPÉRIEURE, CASSANDRE.

Sœur SUPÉRIEURE.

Mais.... je crois entendre du bruit.... Si c'étoit déjà ce cher enfant ? (*Elle s'approche de la muraille en tâtant.*)

Air : *du Menuet d'Exaudet.*

Est - ce vous
Mon bijoux ?

CASSANDRE.

Oui, moi-même,
Qui me rends en tapinois
Près du gentil minois,
Que montendre cœur aime. (*Cassandre*
descend de l'échelle ; il se rend dans le jardin.)

Sœur SUPÉRIEURE.

Point de bruit,
Cher petit.
Ah ! je tremble.
Que diroit-on dans ces lieux
En nous trouvant tous deux
         Ensemble ?

CASSANDRE.

Ah ! ne craignez rien, ma chère ;
Allez et laissez-moi faire.
    Quel souci
    Quand ici
    Tout sommeille !
D'où vous vient cet effroi-là,
Quand tout semble aller à
      Mervielle ?
    On ne vit
    Jamais nuit
    Plus prospère.
Il est vrai qu'un ciel brillant,
Pour lire au firmament,

Est celui qu'on préfère ;
Mais en fait
D'amour,... c'est
Un tems sombre.
Les amans sont des filoux
Qui font bien mieux leurs coups
Dans l'ombre.

Sœur SUPÉRIEURE.

Allons, puisque vous le voulez, mamour, venez à côté de moi, sur ce banc de gason, et vous goûterez à ces fruits.

CASSANDRE. (*Il s'approche du banc et s'y assied ainsi que la sœur.*)

Voilà une collation charmante !... Mais c'est d'une galanterie !... d'une attention qui me charme !

Sœur SUPÉRIEURE.

C'est le cœur qui vous l'offre.

CASSANDRE.

Hé quoi ! des confitures aussi !.... Mais savez-vous bien que c'est très-joli ?

Sœur SUPÉRIEURE.

Air : *De la croisée.*

Si Colinette, sur le soir,
Attend son amant au boccage,
La bergère, dans cet espoir,
Prépare un goûter sur l'herbage :

Elle

Elle a pour lui dans le bosquet
Cueilli les fraises les plus mûres ;
De même, à celui qui me plaît,
J'offre mes confitures.   (*bis.*)

CASSANDRE.

Vous m'enchantez!

Sœur SUPÉRIEURE.

Voilà aussi des échaudés, des gimblettes et un fromage à la crême que j'ai fait préparer exprès pour vous.

(*Fin de l'air.*)

Et puis un petit biscuit
Pour nous remettre en appétit.

CASSANDRE.

Voilà un repas parfait! mais ce qui ajoute encore à son prix, c'est que l'amour y préside.

Sœur SUPÉRIEURE.

C'est une si jolie chose que l'amour !

CASSANDRE.

Air : *Un jour la petite Isabelle.*

Ah! oui, je le sens bien ma chère,
Sur-tout quand je suis près de vous ;
Le berger près de sa bergère
Passe ses instans les plus doux ;
Il offre l'amour le plus tendre :
Elle, n'osant le refuser,
Lui laisse prendre
Un baiser.

(*Il embrasse la sœur.*)

F.

Sœur SUPÉRIEURE.

Que veut dire cette caresse?
Ah! moncœur, finissez cela.

CASSANDRE.

C'est un gage de ma tendresse
Que ma bouche vous donne-là.

(Avec précipitation et tombant aux genoux de sœur Supérieure.)

Vous ne connoissez pas encore toute.....

SCENE XVI.

CASSANDRE, Sœur SUPÉRIEURE, Sœur BRIGITTE, Sœur AMYNTE, Sœur PAULINE, LES SŒURS.

Toutes les Sœurs arrivent avec des lumieres et trouvent Cassandre qui fait tableau avec la sœur Supérieure.

TOUTES LES SŒURS, EN CHŒUR.

Fin de l'air qui suit :

Oh! oh! oh! oh! ah! ah! ah! ah!
Le joli tableau que voilà!

Sœur AMYNTE (à la Supérieure).

Air : Quand un tendron vient dans ces lieux.

Très-bien, ma sœur, en vérité
Que rien ne vous dérange.

Sœur PAULINE (*à Cassandre*).

Le cher Docteur de son côté
Travaille comme un ange.

Sœur AMYNTE.

Qui se seroit douté de ça?

Sœur PAULINE.

Le beau couple qu'ils faisoient-là ,
là , là !

TOUTES LES SŒURS (*en chœur.*)

Oh! oh! oh! oh! ah! ah! ah! ah!
Que peut-on penser de cela?

CASSANDRÉ (*à part*).

Quel pas declerc !

Sœur SUPÉRIEURE (*à part.*)

Je reste confondue!

CASSANDRE (*à part et en montrant la Supérieure.*)

Et c'étoit pour cette vieille pécheresse! (*Il re-
gagne l'échelle pour s'en aller.*)

Sœur SUPÉRIEURE(*à part en montrant Cassandre.*)

. Et c'étoit pour ce vieux coquin!

CASSANDRE (*déja au milieu de l'échelle.*)

Je vois bien que je n'ai pas de meilleur parti à
suivre, que de reprendre le chemin par où je suis
venu.

SCENE XVII et derniere.

LES PRECEDENS, ADRIEN, SŒUR-ECOUTE.

(CASSANDRE *et* ADRIEN *se trouvent face à face au haut du mur.*)

ADRIEN.

AIR : *Où allez-vous, Monsieur l'Abbé ?*

Mon cher Docteur, où allez-vous ?
Vous allez vous casser le cou,
Le soir et sans chandelle,
Hé-bien !
Monter sur cette échelle,
Vous m'entendez bien.

SŒUR-ECOUTE (*approchant avec une lumiere.*)

Dieux ! c'étoit Monsieur Cassandre avec la Sœur Supérieure, Sainte-Marie-Madelaine !

Sœur PAULINE.

Qui jamais se seroit douté de choses pareilles ?

CASSANDRE.

Encore un contre-coup ! je crois que l'enfer est déchaîné contre moi.

ADRIEN.

Ne vous fàchez pas, mon cher monsieur Cassandre, j'entrevois un bon moyen pour arranger tout cela.

Les SŒURS.

C'est bien difficile.

Sœur AMYNTE.

Et encore, quel est-il?

ADRIEN.

C'est de les marier ensemble.

Air: *La bonne aventure.*

Une sœur dans un couvent
Et sans qu'on murmure,
Peut s'acquitter à présent
Envers la nature:
Loin de la blâmer de çà,
Avec elle on chantera,
La bonne aventure
O gué!
La bonne aventure.

Le chœur.

La bonne aventure
O gué!
La bonne aventure.

Sœur SUPÉRIEURE, à (*Cassandre.*)

Eh bien! docteur, qu'en dites-vous?

CASSANDRE, (*tendant la main à Sœur-Supérieure.*)

Allons, tope, puisqu'il est dit.

Sœur BRIGITTE.

Et moi, je suis l'exemple de la Sœur Supérieure,
j'épouse aussi.

Les Sœurs.

Qui ?..

Sœur BRIGITTE.

Adrien.

Sœur SUPÉRIEURE, (à part, en montrant Cassandre.)

Je troquerois bien.

CASSANDRE, (à part, en montrant la Supérieure.)

Je changerois bien l'une pour l'autre.

Sœur ECOUTE.

Et moi, vous verrez qu'il faudra que je m'en passe.

Air : N'en demandez pas davantage.

Monsieur Cassandre est bien vilain ;
On n'est point plaisant à son âge.
Il est vieux, caduc, mais enfin,
Vivre sans, mari c'est dommage !

Sœur AMYNTE.

J'entends.

Et quoique gouteux,
Oui, faute de mieux.

La Sœur.

N'en demande pas davantage.

Le CHŒUR.

N'en demande pas davantage.

CASSANDRE. (*même air.*)

Avec femme de soixante ans
Je vais donc me mettre en ménage.

Sœur PAULINE, (*ironiquement.*)

Pour former des nœuds si charmans,
Il faut avoir bien du courage.

CASSANDRE.

Pour ce qui est du surplus...
Je ne promets rien,
Sœur SUPÉRIEURE.
Et moi je sens bien
Qu'il m'en faut pourtant davantage.

LE CHŒUR.

Il en faut pourtant davantage.

SŒUR BRIGITTE.

Même air.

Aux Nones, aux Religiexx
On a permis le mariage :
Par-là, tout n'en sera que mieux ;
Le Moine en deviendra plus sage ;
Et, tout-bas, la Sœur
Dira que son cœur
N'en demandoit pas davantage.

LE CHŒUR.

N'en demandoit pas davantage.

ADRIEN (au Public.)

Même air.

La tendre humanité des Sœurs
Mérite un trop sincère hommage,
Pour que l'Auteur ait eu, Messieurs,
D'autre but que le badinage.
    Plaire et divertir
    Fut son seul desir ;
Et pour peu qu'il s'en soit acquitté, son cœur....
N'en demande pas davantage.

LE CHŒUR.

N'en demande pas davantage.

FIN de la Pièce.

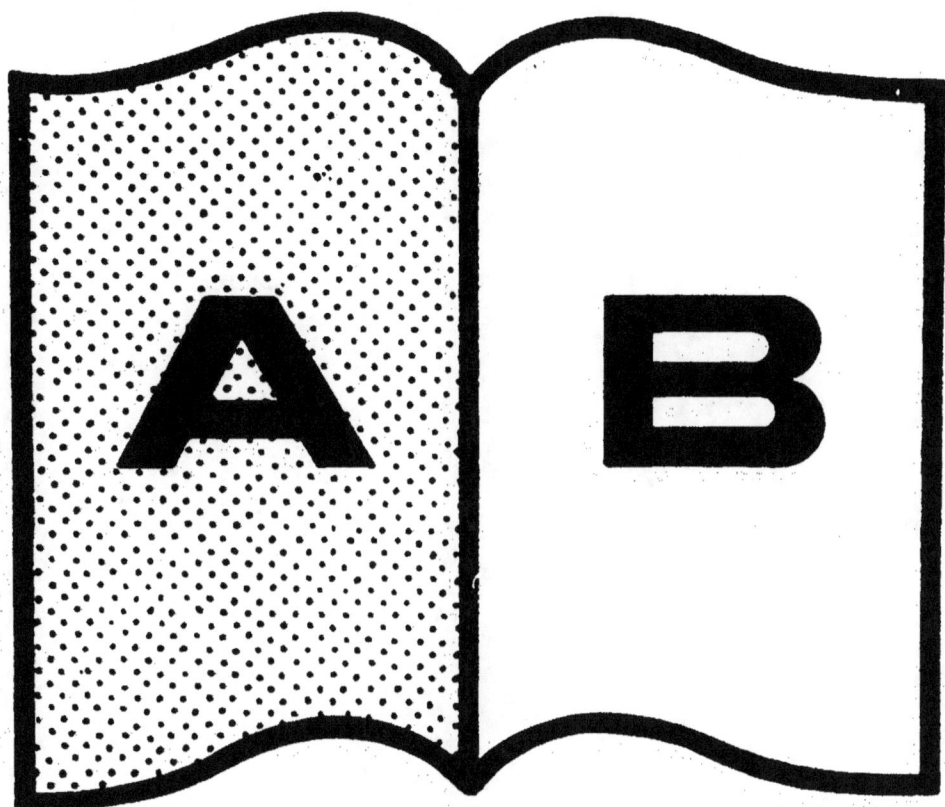

Contraste insuffisant

NF Z 43-120-14

www.ingramcontent.com/pod-product-compliance
Lightning Source LLC
LaVergne TN
LVHW050306090426
835511LV00039B/1647